Barbichu et la machine à fessées

Conforme à la loi n° 49956 du 16 juillet 1949 sur les publications destinées à la jeunesse

Responsable de la collection : Frédérique Guillard

ARNAUD ALMÉRAS

Barbichu et la machine à fessées

Illustrations de Jean-François Martin

NATHAN

Cette histoire se passe

il y a très longtemps,

dans une petite école

tout en haut

d'une vieille tour.

C'est là que vit

un instituteur très sévère

qui s'appelle Barbichu.

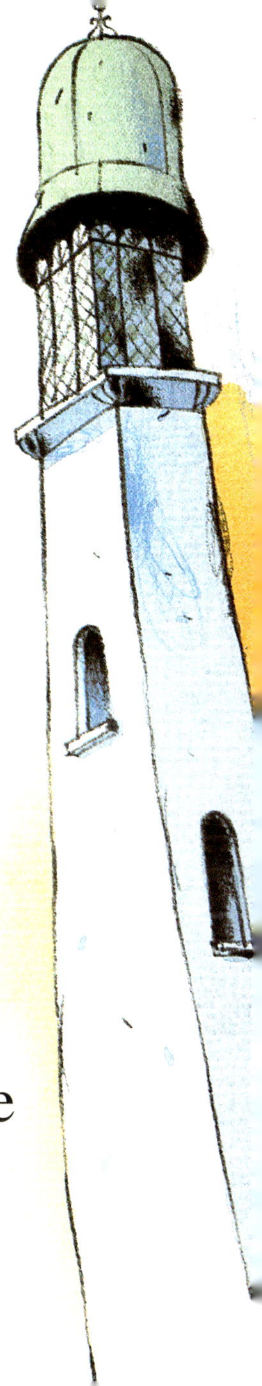

Il a un long nez très pointu,
une longue barbe très pointue,
et des gros sourcils qui font
comme ça quand il se met
en colère.
Dans la classe de Barbichu,
il y a six petits enfants :
Grégoire, Aurélie, Clément,
Thierry, Guillaume et Solène.
Ils ont tous un peu peur
de Barbichu, car il se met
souvent en colère.

Un matin, en entrant dans la classe, les enfants découvrent une étrange machine au fond de la pièce. On dirait une grande caisse avec une porte et, le plus étrange, c'est la grande roue avec des mains en bois…

Les enfants sont très intrigués et se demandent à quoi peut bien servir cette caisse bizarre.

Grégoire, qui est très gourmand, dit :

– C'est peut-être une machine pour faire les gâteaux.

– Moi je pense que c'est une machine pour se gratter le dos, dit Aurélie.

– Je sais, s'écrie Solène, c'est pour apprendre à lire sans se fatiguer !

– C'est peut-être une niche pour le chien de Barbichu, dit Clément.

Ils ne sont pas du tout d'accord.
Ils n'arrêtent pas de discuter
et commencent à se chamailler !

Guillaume tire les nattes
de Solène, Grégoire donne
des coups de pied sous la table
à Clément, Aurélie fait
des grimaces à Thierry.
Ils chahutent tellement
qu'ils ne font plus attention
ni à leur travail, ni à Barbichu.

Alors le maître devient
tout rouge de colère et il se met
à crier très fort :
– Puisque vous ne voulez pas
travailler, puisque vous n'écoutez
pas ce que je vous raconte,
puisque tout ce qui vous intéresse,
c'est cette machine,
eh bien vous allez la voir
de plus près !

Il prend les enfants par le fond
de la culotte et ouvre la porte
de la machine.
– Ah ! Ah ! Vous voilà bien sages
tout d'un coup ! ricane Barbichu.
Mais c'est trop tard…

Et il enferme les enfants
dans la caisse où il fait tout noir.
– Ouille, ouille, ouille ! dit
Guillaume, j'ai peur !

– On n’y voit rien du tout là-dedans, dit Solène avec une toute petite voix.

Ils entendent des bruits bizarres, ils sentent que la machine se met en marche et comprennent bien vite que c’est une MACHINE À FESSÉES ! ! !

Barbichu, qui est très sévère,
s'est dit que ce serait
une excellente punition. Il pense
que la menace de la machine
à fessées rendra les enfants
plus sages et plus travailleurs.
Alors il a fabriqué le modèle
« de luxe » en suivant les plans
du Catalogue des Écoles,
avec commande et verrouillage
automatique.

Soudain, la machine à fessées se met à trembloter, à coincer, à couiner, puis on entend un craquement et la grande roue s'arrête.

– Nom d'une barbiche
à roulettes ! s'écrie Barbichu,
très étonné que sa machine
ne fonctionne plus.
Que se passe-t-il donc là-dedans ?

Il se souvient tout d'un coup
que sa machine a été fabriquée
pour contenir un enfant à la fois,
et pas six ! Or, il y a mis
tous les élèves en même temps !

– Sortez tous de là ! dit-il, bien décidé à réparer.

Il va chercher sa boîte à outils et entre dans la machine. Il visse par-ci, dévisse par-là, tripatouille, cloue et décloue tant et si bien qu'elle se remet en marche.

Barbichu essaie de sortir,
mais la porte s'est refermée
sur lui. Il est coincé !
– Les enfants ! Les enfants !
Ouvrez-moi la porte
immédiatement !

– On n'y arrive pas, elle est trop lourde pour nous !

Les enfants trouvent que c'est
bien fait pour lui et décident
de lui donner une bonne leçon.
– Voulez-vous bien obéir !
dit Barbichu qui commence
à avoir mal aux fesses.
– On essaie, mais on n'y arrive
pas ! mentent les enfants
en se retenant de rire.

– Appuyez donc sur le bouton rouge ! ordonne Barbichu.

Grégoire, qui est le plus grand, se met sur la pointe des pieds mais, au lieu d'appuyer sur le bouton rouge, il tourne un bouton vert…

La machine saute sur elle-même et on voit les mains en bois tourner à une vitesse vertigineuse.

– Au secours ! Au secours ! hurle Barbichu, je vous ai dit d'appuyer sur le bouton rouge !

Les enfants décident
qu'ils se sont suffisamment
vengés de Barbichu et Grégoire
appuie sur le bouton rouge.
La machine s'arrête, la porte
s'ouvre et Barbichu sort,
la barbe tire-bouchonnée,
l'air épuisé.

– Ah ! Les enfants, c'était
terrible ! soupire Barbichu.

Le lendemain matin, Barbichu
annonce aux enfants
qu'il a pris une grande décision
pendant la nuit.
– J'ai décidé de garder
la machine à fessées
dans la classe, dit-il
avec un petit sourire…

Les enfants se regardent, l'air inquiet.

– Il doit être très en colère à cause de ce qui lui est arrivé hier, murmure Aurélie à Guillaume.

Barbichu continue :

– Mais elle pourrait peut-être devenir plus utile…

Et depuis ce temps-là, la machine
à fessées est le porte-manteau
le plus rigolo de l'école.

Arnaud Alméras

Il est né en 1967. Il voulait être chanteur ou écrivain. Il a essayé de chanter... on lui a conseillé d'écrire. C'est en gardant les enfants à la cantine de l'école qu'il s'est mis à inventer des histoires qui font rire. Il a deux filles, Camille et Chloé.

Jean-François Martin

Jean-François voulait être sculpteur ou brocanteur et en a conservé l'amour des choses vieilles et... poussiéreuses. Son appartement est peuplé d'animaux sauvages, lions, éléphants, panthères... en bronze et en terre cuite ! Mais plus que tout, il croit encore au Père Noël qui lui amène tous les ans des livres pour les enfants (pas les siens, ceux des autres !).

Retrouve Barbichu en « Première Lune » dans Barbichu et le détecteur de bêtises *et* Barbichu et le confiscator. *Dans la même collection, tu peux lire aussi les aventures d'un autre personnage imaginé par Arnaud Alméras et dessiné par Jean-Louis Besson:* Calamity Mamie.

Dans la même collection

Arnaud Alméras

Barbichu et la machine à fessées

Barbichu et le détecteur de bêtises

Barbichu et le Confiscator

Calamity Mamie

Les vacances de Calamity Mamie

Le Noël de Calamity Mamie

Calamity Mamie et bébé Chloé

Hubert Ben Kemoun

Tous les jours, c'est foot !

Même pas cap !

Ce n'est pas le vrai !

C'est quoi ta collec ?

Comme une grenouille

Jean-Michel Billioud

Le vélo, c'est trop dur !

Nicolas-Jean Brehon

Un petit grain de rien du tout

Florence Cadier

Qui est laurette ?

Claude Clément

Princesse Chipie et Barbaclou

Bon anniversaire, Barbaclou !

Princesse Chipie et Barbaclou en vacances

Jean-Loup Craipeau

Un Noël à poils doux

François David

Le bouleau de Loulou

Elsa Devernois

Qu'est-ce que tu me donnes en échange ?

Danielle Fossette

Je ne veux pas aller au tableau !

Je me marierai avec la maîtresse

Jacqueline Frasca

Dent de loup

Anne et Claude Gutman

Comment se débarrasser de son petit frère ?

Claude Gutman

Doudou Premier

Fanny Joly

Juliette Mangemiette

Dédé télécommandé

Catherine Lamon-Mignot

Gentil squelette cherche amourette

Y'a un fantôme dans les cabinets !

Thierry Lenain

Menu fille ou menu garçon ?

Mademoiselle Zazie a-t-elle un zizi ?

Vive la France !

DANS LA MÊME COLLECTION

THIERRY LENAIN

Série "Bravo Léo" :

Crocodébile

Tête de grenouille

Merci moustique !

Silence, les monstres !

GÉRARD MONCOMBLE

Mimi la Montagne

ANNE NAUMOVIC

La fêlée du logis

GENEVIÈVE NOËL

Un super anniversaire

Le perroquet bête comme ses pattes

YVES PINGUILLY

Les vacances du poisson rouge

Maman, j'ai des points bleus !

YAK RIVAIS

Lutinet cherche une glace

ANN ROCARD

Le loup qui avait peur de tout

Le loup qui tremblait comme un fou

Le loup qui n'avait jamais vu la mer

Le loup qui sifflait trois fois

Le vampire qui avait mal aux dents

BÉATRICE ROUER

T'es plus ma copine !

Mon père, c'est le plus fort !

Le pestacle et les pétards

Nulle en calcul !

Tête à poux

La maîtresse en maillot de bain

Le fils de la maîtresse

Je le dirai à ma mère !

C'est mon amoureux !

La tête à Toto

Souris d'avril !

Sourichérie

Le fantôme des oubliettes

ÉRIC SANVOISIN

Bizarre le bizarre

ALAIN SURGET

C'est moi le plus malin !

EMMANUEL TRÉDEZ

Et si les poules avaient des dents ?

CLAIRE UBAC

Hugo n'aime pas les filles

Comment j'ai trompé la petite souris

ZIDROU

Le grand amour de Mathurin Pinpin

N° d'Éditeur : 10073558 - (IV) - 16 - CSBPC 170° - Dépôt légal : février 2000 - Impression et reliure : Pollina s.a., 85400 Luçon - n° 79204.A
ISBN 2.09.282427-9